REZEPTE AUS DER GUTEN ALTEN ZEIT

Pies & Puddings

REZEPTE AUS DER GUTEN ALTEN ZEIT

Pies & Puddings

TIME LIFE

Text: *Amelia Swann*
Design: *Jane Lanaway*
Photos: *Trevor Wood*
Handkolorierte Zeichnungen: *Lorraine Harrison*

Aus dem Englischen übertragen von Theresia Übelhör
für GAIA Text, München
Satz und Produktion: GAIA Text, München
Einbandgestaltung: Horst Bätz

Die Originalausgabe mit dem Titel *The Victorian Kitchen Book of Pastries & Puddings* wurde erstmals 1995 im Verlag Colour Library Books Ltd, Godalming, veröffentlicht

Es ist leider trotz intensiver Bemühungen nicht immer gelungen, die Rechteinhaber der Zitate und Abbildungen zu ermitteln. Wir bitten diese, sich gegebenenfalls an den Verlag zu wenden.

ISBN 90-5390-822-6

Druck und Bindung: Tien Wah Press
Printed in Singapore

INHALT

Vorwort

Ich glaube, ich könnte eine von Bellamys Fleischpasteten essen.

Die letzten Worte von *William Pitt dem Jüngeren (1759–1806)*

Bevor es Autos und Zentralheizung gab und arbeitserleichternde Maßnahmen die Menschen noch nicht von der täglichen Strapaze harter Arbeit befreit hatten, bedeuteten Pasteten und Puddings, die den Magen richtig füllten, eine wichtige Wärme- und Energiequelle. Heutzutage ist es nicht ratsam, täglich solche Süßspeisen zu sich zu nehmen, aber als Genuß zu besonderen Anlässen sind sie unschlagbar.

Die Rezepte in diesem Buch stellen nur eine Auswahl aus der riesigen Vielfalt an Puddings, Pasteten, Torten und Kuchen dar, die viktorianische Köchinnen zauberten. Alle Rezepte gehen auf authentische Rezepte jener Zeit zurück, wurden aber in Anbetracht der heute kleineren Familie und des weniger gewaltigen Appetits sorgfältig angepaßt.

Mrs. Beetons Backtips

Hier sind ihre wichtigsten Ratschläge:

1. Den Teig so wenig wie möglich berühren.

2. Mit kühlen Händen auf einer kühlen Unterlage arbeiten.

3. Flüssigkeiten immer nach und nach hinzufügen und mit einem flachen Kochlöffel einrühren.

4. So schnell wie möglich arbeiten, damit der Teig locker bleibt.

Tips für gekochte Puddings

1. Puddings auf Eiercremebasis besser nur leicht köcheln, anstatt sie richtig zu kochen, sonst bilden sich zu viele Luftblasen.

2. Füllen Sie die Puddingform immer bis zum Rand.

3. Das Wasserbad immer wieder nachfüllen.

4. Den Pudding nach dem Kochen fünf Minuten ruhen und ausdampfen lassen.

Abwechslungsreiche Zutaten sind für die meisten Leute weniger wichtig, vorausgesetzt, das Ganze schmeckt gut und ist in ausreichender Menge vorhanden.

Mrs. Beeton über Puddings

Vorbereitung der Formen

Achten Sie darauf, daß alle Formen, Schüsseln und Teller sauber und trocken sind. Streichen Sie die Formen für feste Puddings mit Butter ein. Für lockere Puddings bestreichen Sie die Formen mit geklärter Butter.

Pasteten und Teigsorten

Die viktorianische Köchin beherrschte neben unterschiedlichen Mürbeteigvariationen ein großes Repertoire an weiteren Teigsorten (die „crust“ oder „paste“ hießen). Puddings machte man mit Talg- oder Butterteig; Mürbeteig - heute *pâte brisée* genannt - und Blätterteig wurden für süße und pikante Pies und Torten verwendet.

Rindertalg zum Backen

Talg ist ausgelassenes Fett, vorzugsweise von Rind oder Kalb. Den besten Talg liefert das Fettpolster, das die Nieren der Tiere schützt. Vor der Verarbeitung muß man alle Muskelfasern daraus entfernen und das Fett dann durch den Fleischwolf drehen.

Innerhalb der Kochkunst nimmt das Feingebäck einen hohen Rang ein und versucht immer mehr, Augen und Gaumen zufriedenzustellen.

MRS. BEETON

GERÄTE UND ZUTATEN FÜR DIE ZUBEREITUNG VIKTORIANISCHER PASTETEN UND PUDDINGS

Bakewell-Pudding, eine klassische Süssspeise

Lady Shaftesburys Pudding

Im Kochbuch von EMILY SHAFTESBURY (1810–1872), der Frau des Philanthropen Lord Shaftesbury, findet sich zwischen anderen Speisen und Haushaltstips ein Rezept für Bakewell-Pudding mit Baiserüberzug.

Dieser Pudding ist nicht nur in Derbyshire berühmt, sondern auch in einigen nördlichen Counties, wo er an Feiertagen serviert wird.

ELIZA ACTON

Bakewell-Pudding

Dies ist eine wahrhaft köstliche Süßspeise nach Mrs. Beetons Rezept, die sie als „sehr nahrhaft" bezeichnet. Sie sollte immer Pudding, nicht Torte genannt werden. Eliza Acton mischte Zitronat und Orangeat in die Konfitüre, hielt dies jedoch für „unkultiviert".

ZUTATEN

125 g Blätterteig
Konfitüre
4 Eigelb und 1 ganzes Ei
175 g Zucker
125 g zerlassene Butter
40 g gemahlene Mandeln

ZUBEREITUNG

❦ Den Blätterteig dünn ausrollen und damit eine Obstkuchenform von 24 cm Durchmesser auslegen. Verteilen Sie darauf eine dicke Schicht Konfitüre, am besten hausgemachte von Erdbeeren.

❦ Die vier Eigelb und das ganze fünfte Ei in einer Rührschüssel schaumig schlagen. Zucker, zerlassene Butter und Mandeln hinzufügen und gut durchrühren. Verteilen Sie diese Mischung auf der Konfitüre, und streichen Sie sie glatt.

❦ Backen Sie den Pudding etwa 30 Minuten bei 180 °C, bis sich der Teig schön goldgelb färbt.

Karottenpudding für Diener auf Schloß Windsor

Königin Viktorias Bedienstetenheer mußte mit großen Speisemengen versorgt werden. Zu den Lieblingsspeisen zählte der Karottenpudding. Er wurde nach Mrs. Beetons Rezept zubereitet, allerdings mit Unmengen von Karotten, Mehl, Fett und getrockneten Früchten; außerdem wurden drei Tassen voll Orangenschalen und etwas Backpulver hinzugefügt. Er mußte 5 Stunden kochen.

KAROTTENPUDDING SCHMECKT KINDERN

Süßes Gemüse

Karotten enthalten viel Zucker, und im 19. Jahrhundert bereiteten die Köchinnen in Frankreich, Italien und England daraus alle Arten von köstlichen süßen Torten, Kuchen und Puddings. In Südwestfrankreich kochte man sogar Karottenkonfitüre, die phantasievoll „Cheveux d'Ange", Engelshaar, genannt wurde.

KAROTTENPUDDING

Dieses Rezept beruht auf einem Rezept von Mrs. Beeton; durch die natürliche Süße der Karotten gerät der Pudding zu einer sättigenden, gesunden Mahlzeit für hungrige Kinder. Servieren Sie ihn mit Eiercreme oder Vanillesauce.

ZUTATEN

350 g frische Karotten
3 Eier
225 g frische Weißbrotwürfel
125 g Rindertalg (Nierenfett)
125 g Rosinen
125 g Korinthen
75 g Zucker
Milch
Puderzucker

ZUBEREITUNG

- Die Karotten in wenig Wasser weichkochen. Dann gießen Sie das Wasser ab und pürieren die Karotten in einer großen Rührschüssel.
- Die übrigen Zutaten zusammen mit ausreichend Milch darunterrühren, so daß eine dicke weiche Masse entsteht. Diese in eine gut gefettete Auflaufform gießen.
- Den Pudding etwa eine Stunde bei 180 °C backen, bis er richtig aufgegangen und die Kruste schön braun geworden ist. Vor dem Servieren dick mit Puderzucker bestäuben.

PLUM PUDDING

Mrs. Beeton war der Meinung, frische Pflaumen seien zwar erfrischend, aber nicht nahrhaft. Vorbehalte gegen gekochte Früchte hatte sie jedoch keine, „die kann sogar ein Kranker in Maßen essen". Dies ist eine der köstlichsten Arten, gekochte Pflaumen zu genießen.

ZUTATEN

350 g Mürbeteig mit Nierenfett
700 g frische Pflaumen
125 g brauner Zucker

ZUBEREITUNG

❦ Rollen Sie dreiviertel der Teigmenge etwa 13 mm dick aus, und legen Sie damit eine Puddingform aus. Die gewaschenen Pflaumen halbieren und entsteinen. Die Früchte in die ausgelegte Form schichten und Zucker zwischen die einzelnen Lagen streuen.

❦ Rollen Sie den restlichen Teig aus. Damit bedecken Sie die Früchte und drücken den Rand gut fest, damit kein Saft auslaufen kann. Ein mit Mehl bestäubtes Geschirrtuch fest über die Form knoten, dann den Pudding in einem Topf mit kochendem Wasser zwei Stunden kochen.

❦ Wenn der Pudding fertig ist, heben Sie ihn aus dem Wasserbad und nehmen das Tuch ab. Servieren Sie ihn mit Vanillesauce.

Eliza Actons vegetarischer Pflaumenpudding

Ein preisgünstiges Rezept, das Kartoffelbrei, Karotten, Mehl, Korinthen, Zucker, Nierenfett, Muskatnuß und Salz enthält. Eliza Acton hebt hervor, daß die „Kosten der Zutaten unter einer halben Krone (12 1/2 Pence) liegen und der Pudding für 16 Personen ausreicht."

Das Leben ist ein Pflaumenpudding.
W. S. GILBERT

TIP DER KÖCHIN

Nachdem Sie den Pudding aus dem Wasser genommen haben, lassen Sie ihn fünf Minuten stehen, damit er etwas abkühlt und sich leichter aus der Form löst.

Ich bin nicht so
beglaubst, wie du schwipst.

SIR JOHN SQUIRE,
BALLADE OF SOPORIFIC ABSORPTION

BESCHWIPSTE PUDDINGS, DAS RICHTIGE FÜR EIN FRIVOLES MITTAGS-ZWISCHENSPIEL

BESCHWIPSTE PUDDINGS

Diese rumgetränkten Puddings beruhen auf einem Rezept von Mrs. Beeton. Sie sind schnell und einfach zuzubereiten, passend für eine überraschende Feier. Probieren Sie Champagner dazu.

ZUTATEN

2 Eier
75 g Zucker
125 g Mehl
50 ml dunkler Rum
Kokosraspeln zum Verzieren

ZUBEREITUNG

- Die Eier in eine Schüssel geben und mit dem Zucker schaumig schlagen. Ziehen Sie das Mehl ganz vorsichtig unter, damit der Teig locker bleibt.
- Bestreichen Sie sechs kleine ofenfeste Formen mit etwas Butter, und streuen Sie reichlich Zucker hinein. Zu drei Viertel mit Teig füllen und bei 180 °C backen, bis die Puddings schön aufgegangen und fest geworden sind (etwa 20 Minuten).
- Die fertigen Puddings mit dunklem Rum beträufeln. Vor dem Servieren mit Kokosraspeln bestreuen.

Großer beschwipster Pudding

Zum Dessert eignet sich auch ein einziger großer beschwipster Pudding. Nach viktorianischem Rezept kann man den Pudding ebensogut in einer großen Form backen, stürzen und dann mit „so viel warmem Madeira tränken, wie er aufsaugen kann". Bestreichen Sie den „beschwipsten" Pudding mit Aprikosenmarmelade, und verzieren Sie ihn mit Mandelsplittern.

CHAMPAGNE CHARLIE

Champagner Charlie ist mein Name,
Champagnertrinken meine Leidenschaft.
Kein Getränk ist so gut wie
Zisch, Zisch, Zisch
Ich trinke jeden Tropfen, den es gibt, gibt, gibt.
In der ganzen Stadt
Kennt man meinen Namen,
Durch den Knall der Korken wurde ich berühmt.
Ich bin das Idol der Barmädchen,
Und Champagner Charlie ist mein Name.

GEORGE LEYBOURNE
UND ALFRED LEE

WEIHNACHTS-PUDDING

Jede Köchin hatte ihr eigenes Rezept für den Weihnachtspudding. Dieses Rezept ist nur eines aus Mrs. Beetons Auswahl. Daneben bot sie einen nahrhaften Weihnachtspudding, einen preiswerten und einen Rohkostpudding an, bei dem auf den Talg verzichtet wurde.

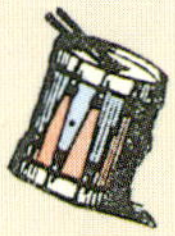

ZUTATEN

450 g einfaches Mehl
225 g frische Weißbrotwürfel
450 g zerkleinerter Rindertalg
450 g Rosinen
350 g Korinthen
125 g Zitronat und Orangeat
125 g brauner Zucker
50 g gehackte Mandeln
25 g Zimt, Muskatnuß und Ingwer, gemischt
1 gute Prise Salz
6 Eier
250 ml Milch
60 ml Brandy

ZUBEREITUNG

❦ Alle trockenen Zutaten in einer großen Schüssel mit den Händen gut vermischen.

❦ Schlagen Sie die Eier leicht, und rühren Sie diese in die Mischung. Dann fügen Sie Milch und Brandy hinzu und rühren den Pudding, bis er eine weiche Konsistenz hat. Die Masse in eine gebutterte Form geben, festdrücken und mit Backpapier abdecken. Zuletzt ein sauberes Geschirrtuch fest über dem Papier verknoten.

❦ Den Pudding in einem Topf, der zu zwei Drittel mit kochendem Wasser gefüllt ist, etwa 6 Stunden kochen. Wenn er fertig ist, nehmen Sie Tuch und Papier ab und stürzen ihn auf einen Servierteller.

WEIHNACHTSPUDDING, DER HÖHEPUNKT DES ÜPPIGEN VIKTORIANISCHEN WEIHNACHTSMAHLES

Leg Holz nach! Der Wind ist kalt.
Aber laß ihn pfeifen, wie er will,
Wir haben trotzdem fröhliche Weihnachten.

SIR WALTER SCOTT

Plum-Pudding im Buckingham-Palace

An Weihnachten wurden für den königlichen Haushalt 150 kleine Pflaumenpuddings gekocht. Das Rezept erforderte 60 Pfund Mehl, 30 Pfund Zucker, jeweils 40 Pfund Rosinen und Korinthen, 30 Pfund Zitronat und Orangeat, 50 Pfund Rindertalg, 150 Eier, 18 Liter starkes Ale, 1 Pfund Gewürzmischung und je eine Flasche Rum und Brandy.

TIP DER KÖCHIN

Wollen Sie den Pudding noch nahrhafter, ersetzen Sie die Milch durch Sahne, geben ein Ei hinein und mischen Zitronat unter die Sultaninen.

BROT-UND-BUTTER-PUDDING

Brot-und-Butterpudding war der Lieblingsnachtisch der viktorianischen Schulen und Herrenklubs. Dieses Rezept basiert auf Mrs. Beetons gebackenem Bread-and-Butter-Pudding.

ZUTATEN

8 Scheiben mit Butter bestrichenes, trockenes Weißbrot
75 g Sultaninen
3 Eier
50 g Zucker
625 ml frische Milch
150 ml Crème Double
geriebene Zitronenschale

ZUBEREITUNG

❦ Das Brot in Dreiecke schneiden und in eine schwach gefettete, flache Auflaufform schichten, Sultaninen und Zitronenschale zwischen die Schichten streuen.

❦ Eier und Zucker in einer Rührschüssel leicht schlagen, Milch und Crème Double hinzufügen und durchrühren. Die Mischung über das Brot gießen und eine Stunde ziehen lassen.

❦ Bei 180 °C backen, bis die Eiercreme fest und die oberste Schicht goldbraun ist.

BROT-UND-BUTTERPUDDING, IN KINDERSTUBEN UND HERRENKLUBS GLEICHERMASSEN GERN GEGESSEN

Sherry-Aprikosen-Pastete, warm und golden, mit Sahne eine Köstlichkeit

SHERRY-APRIKOSEN-PASTETE

Dieses Rezept beruht auf einem Rezept von Mrs. Beeton. Soll das Dessert eleganter werden, überziehen Sie den fertigen Pudding mit einer Baiserhaube, unter die Sie kandierte Aprikosenstücke mischen, und stellen ihn dann nochmals kurz in den Ofen.

ZUTATEN

12 Aprikosen
625 ml Milch
350 g frische Weißbrotwürfel
4 Eigelb
75 g Zucker
75 ml Sherry
125 g Mürbeteig

ZUBEREITUNG

❦ Die Aprikosen halbieren und entsteinen. Mit wenig Wasser kochen, bis das Fruchtfleisch weich ist. Passieren Sie dieses durch ein Sieb, und stellen Sie das Püree zur Seite.

❦ Die Milch aufkochen und die Brotwürfel damit begießen. Gut durchmischen und ein wenig abkühlen lassen. Die Eigelb leicht schlagen und zusammen mit Zucker, Sherry und Fruchtpüree unter die Milch-Brot-Mischung rühren.

❦ Rollen Sie den Teig aus, legen Sie damit eine ofenfeste flache Auflaufform aus, und füllen Sie die Aprikosenmasse hinein. Den Auflauf bei mittlerer Hitze (180 °C) backen, bis er sich fest anfühlt.

TIP DER KÖCHIN

Um einen intensiveren Geschmack zu erreichen, fügen Sie dem Fruchtpüree zerquetschte Aprikosenkerne bei.

Wenn es keine frischen Aprikosen gibt, verwenden Sie Dosenfrüchte, die sie gut abtropfen lassen. Fügen Sie einen Eßlöffel Mandelblättchen hinzu.

ROLY POLY

Dieser sättigende Pudding ist ein Hochgenuß für Schuljungen jeden Alters und wird mit Vanillesauce serviert. Jede Köchin hat dafür ein Rezept. Unseres beruft sich auf Mrs. Beeton.

ZUTATEN

350 g Mürbeteig mit Rindertalg
250 g Ihrer Lieblingskonfitüre

ZUBEREITUNG

❦ Den Teig zu einem etwa 13 mm dicken großen Rechteck ausrollen. Darauf die Konfitüre gleichmäßig verteilen und einen Rand von etwa 25 mm freilassen. Den Pudding vorsichtig aufrollen, die Enden mit Wasser bepinseln und den Teig fest zusammendrücken.

❦ Auf einem gefetteten Backblech etwa 30 Minuten lang bei 200 °C backen, bis er schön braun ist.

ROLY POLY, EINE SÜSSE BELOHNUNG NACH EINEM ANSTRENGENDEN SPIELTAG

Der Roly Poly
er war einfach zu gut.
WILLIAM THACKERAY,
DAS BUCH DER SNOBS

TIP DER KÖCHIN

Besonders gut ist eine Füllung aus Orangenmarmelade oder Hackfleisch.

JUNGGESELLENPUDDING

Dieser einfache, aber leckere Pudding beruht auf einem entsprechenden Rezept von Mrs. Beeton. Er wirkt etwas herb und maskulin, harmoniert aber sehr gut mit süßer Buttercreme.

ZUTATEN

ein geschälter und entkernter Apfel
200 g frische Weißbrotwürfel
125 g Korinthen
50 g brauner Zucker
3 verquirlte Eier
geriebene Zitronenschale
frisch geriebene Muskatnuß

ZUBEREITUNG

- Die Äpfel sehr fein schneiden und mit den restlichen Zutaten vermischen. 30 Minuten ruhen lassen.
- Dann in eine gefettete Puddingform geben. Falls die Masse zu fest erscheint, etwas Milch hinzufügen.
- Mit Alufolie bedecken und in einem zu zwei Drittel mit Wasser gefüllten Topf etwa drei Stunden kochen lassen.
- Wenn der Pudding fertig ist, stürzen Sie ihn vorsichtig auf einen Teller und servieren ihn sofort.

Zwei alte Junggesellen lebten in einem Haus, der eine fing eine Semmel, der andere eine Maus.

EDWARD LEAR

MIT JUNGGESELLENPUDDING WURDEN FRÜHER FLEISSIGE STUDENTEN VERWÖHNT, WENN SIE NACH HAUSE KAMEN

FEIGENPUDDING

Ein würdevoller Pudding nach einem Rezept von Mrs. Beeton. Feigen kamen, wie Rhabarber, dem gesteigerten Gesundheitsbewußtsein der viktorianischen Zeit entgegen. Dieser süße, köstliche Pudding erinnert nun gar nicht an Medizin.

ZUTATEN

400 g getrocknete Feigen
280 g kleingehackter Rindertalg
200 g Mehl
400 g frische Weißbrotwürfel
1 verquirltes Ei
Milch

ZUBEREITUNG

❦ Die Feigen in kleine Stücke schneiden und zusammen mit dem Fett, dem Mehl und den Brotwürfeln in eine große Schüssel geben. Mit dem Ei und genügend Milch vermischen, so daß eine feste Masse entsteht. Drücken Sie diese fest in eine gut gefettete Puddingform.

❦ Sorgfältig mit Alufolie und einem Geschirrtuch bedecken und im Wasserbad drei Stunden kochen. Wenn der Pudding fertig ist, vorsichtig aus der Form stürzen und mit Weincreme servieren.

Ziehe einen Feigenbaum, so wie er wachsen sollte, und wenn du alt bist, setz dich in seinen Schatten.

CAPTAIN CUTTLE IN *Dombey and Son*,
CHARLES DICKENS

REIFE FEIGEN FÜR EINEN LECKEREN PUDDING

Der Kabinettpudding zierte oft die Speisetafeln der viktorianischen Oberschicht

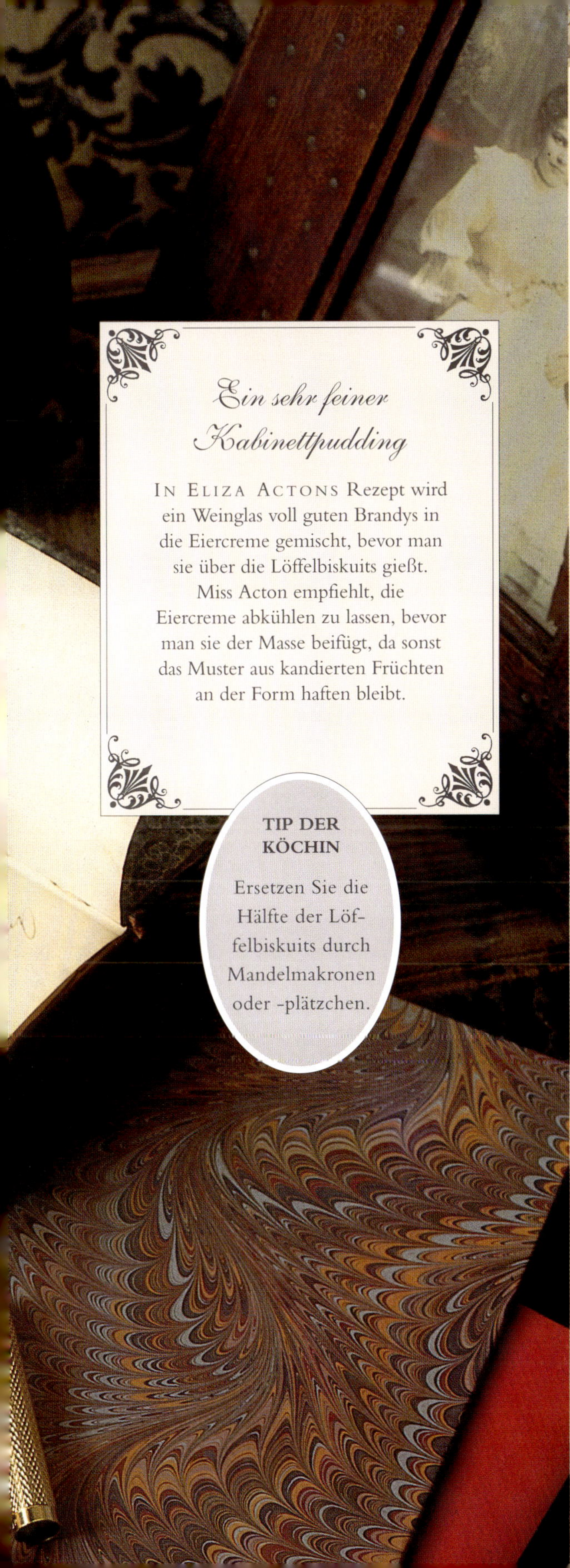

Ein sehr feiner Kabinettpudding

IN ELIZA ACTONS Rezept wird ein Weinglas voll guten Brandys in die Eiercreme gemischt, bevor man sie über die Löffelbiskuits gießt. Miss Acton empfiehlt, die Eiercreme abkühlen zu lassen, bevor man sie der Masse beifügt, da sonst das Muster aus kandierten Früchten an der Form haften bleibt.

TIP DER KÖCHIN

Ersetzen Sie die Hälfte der Löffelbiskuits durch Mandelmakronen oder -plätzchen.

KABINETTPUDDING

Dieser kräftige Herrenpudding beruht auf einem Rezept von Mrs. Beeton. Sie nennt ihn auch Kanzlerpudding. Er sollte mit einer süßen Sauce oder, so Eliza Acton, einer „gutgemachten Weincreme" serviert werden.

ZUTATEN

50 g Zitronat und Orangeat
100 g Korinthen
100 g Sultaninen
weiche Löffelbiskuits, halbiert
zerlassene Butter
4 Eier
50 g Zucker
geriebene Zitronenschale
600 ml Milch

ZUBEREITUNG

❦ Eine Puddingform gründlich mit Butter ausstreichen und etwas Zitronat, Korinthen und Sultaninen hineinstreuen. Bedecken Sie dies mit einer Schicht Löffelbiskuits, die Sie mit geschmolzener Butter bestreichen. Schichten Sie abwechselnd Früchte und Löffelbiskuits auf, bis die Form fast voll ist.

❦ Die Eier verquirlen, dann Zucker, Zitronenschale und Milch dazurühren, so daß eine cremige Masse entsteht.

❦ Die Mischung über den vorbereiteten Pudding gießen und eine Stunde durchziehen lassen. Backen Sie den Pudding bei 180 °C, bis die Eiercreme fest ist. Das dauert etwa 30 Minuten.

EINGELAGERTE ÄPFEL FÜR DIE ERNÄHRUNG IM WINTER

Talgmürbeteig

„Dieser Teig ist so viel leichter und bekömmlicher als jener, der mit Butter gemacht wird, deshalb können wir nicht anders, als ihn unseren Leserinnen dringend zu empfehlen". So pries Eliza Acton den Mürbeteig mit Rindertalg und lieferte gleich mehrere Rezepte. Auch Kinder könnten ihn essen, meinte Mrs. Beeton und empfahl, den Teig aus 200 g zerhacktem Rindertalg pro 400 g Mehl und 300 ml Wasser zu kneten.

Coleridge behauptet, daß ein Mann, der keine Apfelklöße mag, nicht bei Verstand sein kann.

CHARLES LAMB

ÄPFEL IM SCHLAFROCK

Diese leckeren Klöße werden nach Mrs. Beetons Rezept zubereitet. Sie bezeichnet sie als „ein einfaches Familienessen".

ZUTATEN

6 mittelgroße Äpfel
Zucker
350 g Mürbeteig mit Rindertalg
Puderzucker zum Bestäuben

TIP DER KÖCHIN

Nehmen Sie Blätter- statt Mürbeteig mit Rindertalg für nahrhaftere Klöße.

ZUBEREITUNG

- Die Äpfel schälen und das Kerngehäuse herausstechen. Die Früchte sollen aber ganz bleiben. Mit Zucker bestreuen.
- Den Teig ausrollen und jeden Apfel einzeln einwickeln. Die Teigränder sollen aneinanderstoßen, so daß schöne runde Bälle entstehen.
- Die Klöße auf ein Backblech legen und 30 Minuten bei 180 °C backen. Die fertigen Klöße nehmen Sie aus dem Ofen und bestäuben sie kräftig mit Puderzucker.

ELEGANTE APFELKLÖSSE

Eliza Acton liefert ein kurioses Rezept mit dem Namen „Elegante Apfelklöße". Die Klöße werden in gestrickten Netzen gekocht, damit sie auch „hübsch aussehen".

VERLEGERPUDDING

Dies ist eine Variation von Eliza Actons Rezept. Nüchtern stellt sie fest, daß „dieser Pudding kaum zu reichhaltig gemacht werden kann". Offensichtlich wollte sie damit den Geschmacksknospen ihres Verlegers schmeicheln. Ihr Buch Modern Cookery for Private Families *(Modernes Kochen für Familien) erschien 1845. Der Pudding ist leicht und doch nahrhaft; sie empfiehlt, ihn mit deutscher Sauce zu servieren, einer dicken, mit Vanille und Zimt gewürzten Eiercreme.*

ZUTATEN

125 g gemahlene Mandeln
100 g frische Weißbrotwürfel
300 ml Crème Double
125 g zerdrückte Makronen
250 g Rindertalg
140 g Mehl
175 g Zucker
125 g kandierte Kirschen
150 g Rosinen
125 g Zitronat und Orangeat
6 Eigelb
geriebene Schale einer Zitrone
50 ml Brandy
eine gute Prise Salz

ZUBEREITUNG

❦ Die gemahlenen Mandeln und die Brotwürfel vermischen, in einer großen Rührschüssel mit heißer Crème Double übergießen und abkühlen lassen.
❦ Die restlichen Zutaten nach und nach hinzufügen und gut vermengen. Füllen Sie damit eine gut gefettete Puddingform bis zum Rand.
❦ Sorgfältig mit Alufolie und einem Geschirrtuch abdecken und vier Stunden im Wasserbad kochen. Nach dem Herausnehmen lassen Sie den Pudding ein paar Minuten ruhen, bevor Sie ihn auf einen Servierteller stürzen.

VERLEGERPUDDING, EXZELLENT ZU EINEM GUTEN BUCH

Was ich veröffentliche, mag richtig oder falsch sein.
Dummköpfe sind mein Thema, laßt also meine Dichtung Spott sein.

LORD GEORGE BYRON

PARADIESPUDDING

Dieser himmlisch leichte Pudding mit Äpfeln und Brandy geht auf ein Rezept von Mrs. Beeton zurück. Sein Name spielt auf die Äpfel des biblischen Paradieses an.

Das Paradies öffnet sich! Laß mich sterben, während ich bei sanfter Musik Weichseln esse.

DISRAELI

ZUTATEN

450 g Äpfel
200 g frische Weißbrotwürfel
75 g Zucker
75 g Rosinen
geriebene Zitronenschale
3 Eier
50 ml Brandy

ZUBEREITUNG

❦ Die Äpfel schälen und entkernen und in kleine Stücke schneiden. Diese zusammen mit den restlichen trockenen Zutaten in einer Rührschüssel vermischen.

❦ Die geschlagenen Eier und den Brandy hinzufügen. Umrühren, bis alles vermischt ist. Die Masse in eine mit Butter ausgestrichene Form geben und diese mit einem Tuch bedecken. Im Wasserbad 1 1/2 Stunden kochen. Servieren Sie den Pudding mit süßer Sauce.

Kanarienpudding, Nachtisch für die Damengesellschaft

Kanarien-Pudding

Der Pudding mit Zitronengeschmack besticht durch seine gelbe Farbe, die an einen Kanrarienvogel erinnert, daher sein Name.

ZUTATEN

175 g Butter
175 g Zucker
geriebene Zitronenschale
100 g Mehl
3 Eier

ZUBEREITUNG

❦ Die Butter schmelzen und den Zucker zusammen mit der Zitronenschale hineinrühren. Sieben Sie das Mehl langsam dazu und rühren Sie ununterbrochen, bis es sich mit den anderen Zutaten verbunden hat.

❦ Die verquirlten Eier kräftig unterrühren. Geben Sie den Pudding in eine mit Butter ausgestrichene Form. Mit Alufolie bedecken und ein Tuch darüberspannen.

❦ Den Pudding zwei Stunden im Wasserbad kochen und mit einer süßen Sauce servieren.

TIP DER KÖCHIN

Mrs. Beeton schlägt vor, zusätzlich zwei Eßlöffel Himbeerkonfitüre zu verwenden, dann wird daraus ein Washington-Pudding.

BROTPUDDING

Dies ist eine Variation von Mrs. Beetons Rezept für „Queen of Bread Pudding". Eine Zierde für jede festliche Tafel. Ihre einfacheren Versionen waren sparsame Versuche, altes Brot, getrocknete Früchte und Rindertalg zu verwerten.

ZUTATEN

600 ml Milch
275 g Weißbrotwürfel
25 g Butter
25 g Zucker
geriebene Zitronenschale
2 Eier, getrennt
hausgemachte Konfitüre Ihrer Wahl

ZUBEREITUNG

❦ Die Milch aufkochen und in eine Rührschüssel über Brotwürfel, Butter, Zucker und Zitronenschale gießen. Abkühlen lassen.

❦ Das Eigelb schaumig schlagen und kräftig unter die abgekühlte Masse rühren. Fetten Sie eine flache Auflaufform von 20 cm Durchmesser ein und geben Sie die Mischung hinein. Den Pudding bei 190 °C backen, bis er fest wird.

❦ Dann aus dem Ofen holen und mit einer dicken Schicht Konfitüre bestreichen. Darüber verteilen Sie das sehr steif geschlagene Eiweiß und streuen großzügig Zucker darüber. Erneut backen, bis das Baiser etwas Farbe annimmt.

DER EINFACHE BROTPUDDING SIEHT MIT EINER BAISERHAUBE SOGAR FESTLICH AUS

Ein einfaches Rezept

Eliza Actons Rezept ähnelt dem von Mrs. Beeton, verzichtet aber auf die Baiserschicht. Miss Acton hält es für ein „einfaches Rezept". Sie rät aber, ein Gläschen Brandy, eine Handvoll Zitronat und Orangeat sowie ein paar Korinthen hinzuzufügen; somit erhalte man einen „ganz exzellenten Pudding".

Sie lebten auf dem Grund eines Brunnens.
Sie lebten von Sirup.
Es war ein Sirupbrunnen.

LEWIS CARROLL,
ALICE IM WUNDERLAND

MELASSEPUDDING, EIN WÄRMESPENDER FÜR KÄLTESTE WINTERTAGE

MELASSEPUDDING

Dieser Schichtpudding zergeht auf der Zunge. Er basiert auf einem Rezept von Mrs. Beeton, ist sehr sättigend und schmeckt besonders köstlich mit Vanillesauce.

ZUTATEN

200 g Mehl
1 Päckchen Backpulver
125 g gehackter Rindertalg
eine Prise Salz
etwas kaltes Wasser
Melasse (Zuckersirup)
30 g Paniermehl
geriebene Zitronenschale

ZUBEREITUNG

❦ Mehl, Backpulver, Talg und Salz in einer Schüssel mischen und mit ausreichend kaltem Wasser zu einem festen Teig kneten. In zwei Hälften teilen. Mit einer Teighälfte die Puddingform auslegen. Eine dünne Schicht Sirup, reichlich Paniermehl und etwas Zitronenschale auf den Boden der ausgelegten Form streuen.

❦ Den übrigen Teig dünn ausrollen und einen Kreis ausschneiden, der die erste Sirupschicht vollständig bedeckt. Den Rand leicht anfeuchten und fest in die Form drücken. Schichten Sie weiter abwechselnd Sirup und Teig in die Form, bis sie voll ist.

❦ Mit Alufolie abdecken und im Wasserbad etwa 2,5 Stunden kochen. Bevor Sie ihn stürzen, 5 Minuten stehen lassen. Er schmeckt am besten mit Vanillesauce.

Georgie Porgie, Pudding und Pie
Küßten die Mädchen, die weinten dabei,
Kamen die Jungen zum Spielen heraus,
Dann riß Georgie Porgie sofort aus.

ALTER KINDERVERS

Aus Erdbeeren, Himbeeren und Schokolade lassen sich herrliche Törtchen backen

SCHOKOLADEN-TÖRTCHEN

Diese Törtchen nach einem Rezept von Mrs. Beeton sind ein Traum für jeden Schokoholiker. Zu Kaffee schmecken sie köstlich.

ZUTATEN

2 Eier, getrennt
75 g Zucker
50 g geriebene Zartbitterschokolade
125 g Biskuitkrümel
20 g Speisestärke
50 g zerlassene Butter
225 g Mürbeteig
Schokoladenpulver zum Verzieren

ZUBEREITUNG

❦ Die Eigelb mit dem Zucker schaumig schlagen. Geriebene Schokolade, Biskuitkrümel, Speisestärke und zerlassene Butter gut unterrühren.

❦ Die Eiweiß in einer sauberen Schüssel sehr steif schlagen und vorsichtig unter die Füllung heben. Rollen Sie den Teig dünn aus, und legen Sie damit kleine Tortenförmchen aus.

❦ Die Schokoladenfüllung darin verteilen und die Törtchen 20 Minuten bei 180 °C backen. Die Törtchen abkühlen lassen und mit Schokoladenpulver bestreuen.

Zweifellos hätte Gott eine bessere Beere erschaffen können (als die Erdbeere), zweifellos hat er es nicht getan.

W. Butler

ERDBEER-TÖRTCHEN

Diese köstlichen rosaroten Sommertörtchen gehen auf ein Rezept von Eliza Acton zurück. Sie bezeichnet sie als „gut", was sicherlich eine Untertreibung ist.

ZUTATEN

300 g frische Erdbeeren
50 g Puderzucker
4 verquirlte Eier
225 g Mürbeteig

ZUBEREITUNG

❦ Die Erdbeeren waschen, die Stiele entfernen und die Früchte pürieren. Rühren Sie den Zucker sorgfältig unter, und fügen Sie nach und nach die Eier hinzu, bis alles gut vermengt ist.

❦ Den Mürbeteig dünn ausrollen, mit einem Teigrädchen Kreise ausschneiden und damit kleine Tortenförmchen belegen. Jedes zu etwa zwei Dritteln mit der Erdbeermischung füllen und bei 200 °C etwa 10 Minuten backen.

Herzdame
Buk Törtchen
An einem Sommertag.
Herzbube
stahl die Törtchen,
Aß sie auf einen Schlag.

Kinderreim

RHABARBERPASTETE, EINE GUTE STÄRKUNG ZUM NACHMITTAGSTEE

Gespenstisch auf der Wiese im Morgengrau'n
Tanzen hundert Vikare, man sieht sie kaum.
Kuraten, längst verstaubt, kommen und gehen
Auf flinken, klerikalen, lautlosen Zehen.
Und zwischen den Zweigen, ab und an,
Ein Schatten, fast unsichtbar – der Landdekan.

RUPERT BROOKE,
THE OLD VICARAGE, GRANTCHESTER

KURATENPUDDING

Ein sättigender Pudding aus einfachen Zutaten und mit einer der verkannten Früchte des Hausgartens gefüllt. Genau das Richtige, um einen Kuraten zu sättigen, ohne ihn zur Maßlosigkeit zu verführen, es sei denn, man serviert den Pudding mit Sahne. Dieses Rezept ist von Eliza Acton inspiriert.

ZUTATEN

900 g frischer Rhabarber
175 g Zucker
8 dünne Scheiben Weißbrot, entrindet
75 g frische Weißbrotwürfel
100 g Butter

ZUBEREITUNG

❦ Den Rhabarber waschen und ihn in 25 mm lange Stücke schneiden. Geben Sie eine Schicht Rhabarber auf den Boden einer hohen Auflaufform, und bestreuen Sie diese mit einem Drittel des Zuckers.

❦ Bedecken Sie den Rhabarber mit der Hälfte der Brotscheiben. Abwechselnd Rhabarber mit Zucker und Brot in die Form schichten. Brotwürfel mit Zucker vermischen und die oberste Rhabarberschicht damit bedecken.

❦ Die Butter zerlassen und anschließend durch ein Tuch filtern. Dann über den Pudding gießen und diesen bei 220 °C etwa 30 Minuten backen.

TIP DER KÖCHIN

Mit Äpfeln oder schwarzen Johannisbeeren kann man ebenfalls „einen exzellenten Pudding dieser Art" machen. Wenn Sie Äpfel verwenden, sollten Sie die Brotscheiben mit Butter bestreichen.

RHABARBER-PIE

Ein Rezept nach Mrs. Beeton, die Rhabarber „als eines der nützlichsten Gartenprodukte zum Füllen von Pies und Puddings" erachtete.

ZUTATEN

225 g Blätterteig
900 g frischer Rhabarber
100 g Zucker

ZUBEREITUNG

❦ Zwei Drittel des Blätterteiges dünn ausrollen und damit eine hohe Auflaufform auslegen. Den Rhabarber waschen und trocknen und in 25 mm lange Stücke schneiden. Schichten Sie den Rhabarber in die ausgelegte Form, und bestreuen Sie ihn mit Zucker. Der Rhabarber darf den Rand der Form überragen, da er beim Backen zusammenfällt.

❦ Rollen Sie den restlichen Teig aus, und bedecken Sie den Rhabarber damit. Den Teigdeckel mit etwas verquirltem Ei bestreichen und großzügig mit Zucker bestreuen.

❦ Backen Sie die Pie bei 200 °C 30 bis 45 Minuten, bis der Teig aufgegangen und goldbraun geworden ist.

BEEFSTEAKPUDDING

Ein schmackhafter Pudding aus Eierkuchenteig, nach Mrs. Beetons Rezept für gebackenen Beefsteakpudding. Er ist eine Abwechslung zu den bekannten gedämpften Versionen mit Rindertalg.

ZUTATEN

150 g Mehl
2 Eier
500 ml frische Milch
700 g in Würfel geschnittenes Rumpsteak
250 g gewürfelte Nieren
Salz und Pfeffer

ZUBEREITUNG

❦ Das Mehl durchsieben und mit einer Prise Salz in eine große Schüssel geben. Eier aufschlagen und unter Zugabe von etwas Milch langsam mit einem Holzlöffel in das Mehl einrühren. Dann die übrige Milch hinzufügen, bis man einen sämigen Teig erhält.

❦ Geben Sie etwas von der Masse in eine Auflaufform, und fügen Sie das gewürfelte Steakfleisch und die Nierenwürfel dazu. Würzen Sie gut mit Salz und Pfeffer, und gießen Sie den restlichen Teig darüber.

❦ Den Pudding im vorgeheizten Ofen bei 210 °C eine Stunde backen, bis der Eierteig aufgegangen und dunkelbraun geworden ist.

Dr. Johnsons moralische Grundsätze waren so typisch englisch wie ein Beefsteak.

NATHANIEL HAWTHORNE

Ruth Pinchs berühmter Pudding

In Charles Dickens *Martin Chuzzlewit* bereitet Ruth, die hübsche Schwester des frommen Tom Pinch, einen Beefsteakpudding für ihren Bruder zu, um die Gründung ihrer Hausgemeinschaft zu feiern. Eliza Acton zitiert das Rezept in *Modern Cookery for Private Families*, das 1845, gerade ein Jahr nach dem Roman von Dickens, erschien. Ruth verwendete einen sehr schweren Butterteig mit viel Eigelb. Ihr Pudding wurde auch Beefsteakpudding à la Dickens genannt.

Beefsteakpudding für ein herzhaftes Mittagessen, das auch den stärksten Hunger stillt

TIP DER KÖCHIN

Kochen Sie den Pudding in einer länglichen Brotform und schneiden Sie ihn kurz vor dem Servieren auf. Bräunen Sie die Scheiben im Bratensaft.

Füllen Sie das Wasserbad nötigenfalls mit kochendem Wasser nach.

ERBSENPUDDING, EIN WÜRZIGES GERICHT, DAS MAN TRADITIONELL ZU GEKOCHTEM SCHINKEN SERVIERT

ERBSENPUDDING

Rezepte für Erbsenpudding gehören zu den ältesten Englands, so wie Erbsenpudding mit Schinken eines der ältesten Gerichte ist. Servieren Sie diesen Pudding nach Mrs. Beeton mit gekochtem Schinken und Zwiebelsauce. Er ist so sättigend, daß Sie keine weitere Beilage brauchen.

ZUTATEN

700 g getrocknete Splittererbsen
100 g Butter
2 Eier
Salz und Pfeffer
frische, feingehackte Minze

ZUBEREITUNG

❦ Die Erbsen über Nacht in Wasser einweichen, dann das Wasser abgießen und die Erbsen bedeckt mit kaltem Wasser zum Kochen bringen. 1 ½ Stunden leicht köcheln lassen, bis die Erbsen weich sind.
❦ Das Kochwasser abgießen und die gekochten Erbsen durch ein Sieb pürieren. Fügen Sie die restlichen Zutaten hinzu, und rühren Sie, bis alles gut vermengt ist. Die Puddingmasse in eine gut gefettete Auflaufform geben und sorgfältig mit Alufolie bedecken.
❦ Die Form in einen zur Hälfte mit Wasser gefüllten Topf stellen und 45 bis 60 Minuten kochen, bis der Pudding fest ist.

Erbsenbrei

Erbsenbrei heiß,
Erbsenbrei kalt,
Erbsenbrei im Topf,
bereits neun Tage alt.

ANONYMUS

Ein Sparvorschlag

Dies ist Mrs. Beetons listiger Vorschlag zur sparsamen Haushaltsführung. „In einer großen Familie mit Kindern, in der die Mittel knapp sind, ist es besonders ratsam, den Pudding vor dem Fleisch zu servieren, da in diesem Fall der Fleischverzehr weit geringer sein wird als sonst".

RINDERTALGPUDDING AUS KENT

In Eliza Actons Rezept, „Kentish Suet Pudding" genannt, wird dem Basisrezept ein Ei hinzugefügt. Miss Acton meint, daß er „sich sehr gut aufschneiden und im Backrohr braten und bräunen läßt, nachdem er völlig ausgekühlt ist".

TALGPUDDING ZUM RINDERBRATEN

Diese traditionelle und sehr schmackhafte Beilage zum Sonntagsbraten basiert auf Mrs. Beetons Rezept für „Talgpudding, den man zu gebratenem Fleisch ißt".

ZUTATEN

450 g Mehl
200 g gehackter Rindertalg
300 ml frische Milch
je 1 gute Prise Salz und Pfeffer

ZUBEREITUNG

❦ Mehl und Fett mit den Gewürzen in einer Schüssel vermischen. Rühren Sie nach und nach die Milch ein, bis eine weiche Masse entsteht.
❦ Die Puddingmasse in eine mit Butter ausgestrichene Form füllen. Mit Alufolie bedecken und in einem bis zur Hälfte mit Wasser gefüllten Topf etwa 2 ½ Stunden kochen.

WILDPIE

Das Rezept geht auf Mrs. Beetons aufwendiges und kompliziertes Rezept für eine „Hohe Wildpastete" mit abgezogenem Pastetenteig und Markknochensülze zurück. Wildpies sollten kalt gegessen werden und eignen sich daher ausgezeichnet für Picknicks. In viktorianischer Zeit servierte man sie Jagdgesellschaften zur Stärkung.

ZUTATEN

1 großes Rebhuhn oder zwei Fasane
400 g Brotwürfel (dunkles Brot)
75 g zerkleinerter Rindertalg
50 g frisch gehackte Petersilie
1 Ei
450 g Mürbeteig
225 g guter Schinken in Scheiben
Salz und Pfeffer
Stärkemehl
Ei zum Bestreichen

ZUBEREITUNG

❦ Die Vögel säubern, in Viertel schneiden und in einer Pfanne mit genügend Wasser bedeckt kochen, bis sich das Fleisch von den Knochen löst. Dann das Fleisch aus der Pfanne nehmen und in Stücke schneiden; die Brühe stellen Sie zur Seite.

❦ Für die Füllung Brotwürfel, Fett und Petersilie mischen und das verquirlte Ei hinzugeben, um die Masse zu binden. Dann den Teig ausrollen und damit eine hohe Auflaufform auslegen. Lassen Sie genug Teig zum Bedecken übrig. Schichten Sie die Pie auf, indem Sie abwechselnd eine Schicht Fleisch, Füllung und Schinkenscheiben mit jeweils etwas Gewürz darauf hineinlegen.

❦ Wenn die Form voll ist, reduzieren Sie die Brühe und dicken sie mit in Wasser gelöster Speisestärke ein. Gießen Sie diese Sauce über die vorbereitete Pie. Den restlichen Teig für den Deckel ausrollen, die Ränder mit Wasser bepinseln und aneinanderdrücken. Den Deckel mit einem verquirlten Ei bestreichen und die Pie 30 Minuten bei 220 °C backen.

HOHE SCHWEINEPASTETCHEN

Diese köstlichen kleinen Pasteten sind genau richtig für ein Picknick oder ein Lunchpaket. Auch Mrs. Beeton liefert ein Rezept, allerdings mit solchen Mengenangaben, daß sie damit eine Partygesellschaft versorgt haben muß.

ZUTATEN

125 g Butter
450 g Mehl
140 g zerkleinerter Rindertalg
900 g mageres Schweinehackfleisch
Salz und Pfeffer
1 verquirltes Ei

ERGIBT ETWA 10 KLEINE PASTETEN

ZUBEREITUNG

❦ Die Butter in einem Topf bei schwacher Hitze schmelzen. Dann Mehl, Talg und eine gute Prise Salz hinzufügen und alles zu einer festen Masse vermengen. Nun teilen Sie den Teig in zehn Portionen auf und formen daraus kleine Schälchen. Lassen Sie genügend Teig für die Deckel übrig.
❦ Die Förmchen mit dem Hackfleisch füllen und Gewürze hinzufügen. Mit dem restlichen Teig bedecken und die Pastetchen mit dem Ei bestreichen. Bei 180 °C backen, bis die Pasteten schön braun geworden sind.

WILD- UND SCHWEINEPASTETEN, DIE TRADITIONELLE VERPFLEGUNG BEI PICKNICKS UND JAGDGESELLSCHAFTEN

TIP DER KÖCHIN

Mrs. Beeton empfiehlt, „drei der Taubenfüße zu waschen und sie auf dem Deckel zu arrangieren; dies zeigt die Art der Pastete an“.

Versprechen und Pastetenkrusten werden gemacht, um gebrochen zu werden.

JONATHAN SWIFT

TAUBEN PIE

Eine Zubereitung nach dem Rezept von Mrs. Beeton, das sie als „Epsom Grandstand recipe“ betitelt. Vor ihrer Heirat lebte Mrs. Beeton in Grandstand bei Epsom, wo ihr Stiefvater, Henry Dorling, Jagdvorsteher war. Isabella half im Haushalt mit. Taubenpie stand dort regelmäßig auf dem Speiseplan.

ZUTATEN

2 bratfertige Tauben
Salz und Pfeffer
50 g Butter
450 g frisches Rumpsteak
300 ml Hühnerbrühe
250 g Blätterteig
1 Eigelb

ZUBEREITUNG

❦ Die Tauben mit einem Messer der Länge nach halbieren und gut mit Salz und Pfeffer würzen. Die Butter in einer Pfanne erhitzen und die Vögel von allen Seiten schnell anbraten. Vom Herd nehmen und zur Seite stellen.

❦ Geben Sie das in Würfel geschnittene Rumpsteak in eine Auflaufform, und legen Sie die Taubenstücke darauf. Die Brühe aufkochen, abschmecken und in die Auflaufform gießen. Rollen Sie den Teig für den Deckel aus, und belegen Sie zuerst den Rand der Form mit einem Teigstreifen, dadurch verrutscht der Deckel beim Backen nicht.

❦ Die Pie mit dem verquirlten Eigelb bestreichen und etwa 1 Stunde bei 180 °C backen, bis der Teig aufgegangen ist und eine goldbraune Farbe bekommen hat.

MOORHUHNPIE

Diese herzhafte Pie basiert auf einem von Mrs. Beetons Rezepten. In England und Schottland gibt es Moorhuhn nur zwischen dem 12. August (Beginn der Jagdsaison) und Ende Dezember. Man sollte es also genießen.

ZUTATEN

450 g frisches Rumpsteak
2 bratfertige Moorhühner
Cayennepfeffer
Salz und Pfeffer
300 ml Hühnerbrühe
250 g Blätterteig
1 Eigelb

ZUBEREITUNG

❦ Das Rumpsteak in Würfel schneiden und in eine Auflaufform geben. Die Moorhühner zerlegen, gut mit Salz, Cayenne- und schwarzem Pfeffer würzen und auf das Fleisch legen. Die Brühe darübergießen.

❦ Rollen Sie den Blätterteig gleichmäßig aus. Belegen Sie den Rand der Form mit einem Teigstreifen, auf diesen drücken Sie den Teigdeckel.

❦ Die Pie mit verquirltem Eigelb bestreichen und bei 180 °C 45 Minuten backen.

PIE mit Moorhuhn und Hase dazwischen ist höchste Klasse. Bereitet mit Sorgfalt und nicht wenig Masse. So spricht Doktor Küchenmeister und daß er es nicht fasse: Einen zarteren Has' Robin nie aß.

INGOLDSBY LEGENDS

Tauben- und Moorhuhnpies genoss man in vornehmen Speisezimmern ebenso wie in den Hütten der Wilderer

KANINCHENPIE

Kaninchenpie ist ein ländliches Gericht, das von Wilderern und Wildhütern gleichermaßen geschätzt wurde. Dies ist Mrs. Beetons Version.

ZUTATEN

1 Kaninchen, gehäutet und zerlegt
125 g Speck
4 hartgekochte Eier
400 g Weißbrotwürfel
100 g zerkleinerter Rindertalg
2 Bund gehackte frische Petersilie
1 verquirltes Ei
Salz und Pfeffer
125 ml kaltes Wasser
250 g Blätterteig
1 Eigelb zum Bestreichen

ZUBEREITUNG

❦ Die Kaninchenstücke entbeinen und das Fleisch in Scheiben schneiden. Geben Sie die Knochen in einen Topf, und bedecken Sie sie mit Wasser. Dann alles aufkochen und simmern lassen, bis die Brühe eingekocht ist. Seihen Sie sie ab, und stellen Sie die Brühe zur Seite. Das Kaninchenfleisch zusammen mit dem in Streifen geschnittenen Speck und den hartgekochten, geviertelten Eiern in eine hohe Auflaufform geben.

❦ Brotwürfel, Fett und gehackte Petersilie in einer Schüssel vermischen und mit dem verquirlten Ei binden. Diese Füllung zu Klößen formen und in die Auflaufform geben. Die Pie gut mit Salz und Pfeffer würzen, das kalte Wasser zugießen und mit dem ausgerollten Blätterteig bedecken. Schneiden Sie ein Loch in die Deckelmitte; bestreichen Sie die Pastete mit Eigelb.

❦ Die Pie etwa 1 Stunde bei 190 °C backen. Reduzieren Sie die Knochenbrühe, und gießen Sie diese durch das Loch in die Pie.

TIP DER KÖCHIN

Sie können die Pastete auch kalt werden lassen, damit die Brühe geliert. Eine kalte Pastete eignet sich gut für Picknicks oder Sommerfeste.

WILD FÜR SEHR HERZHAFTE GERICHTE

Schlaf, Baby, schlaf
Dein Vater geht zur Jagd.
Er jagt nach einem Hasenfell,
Drein wickelt er sein Baby
schnell. Schlaf, Baby, schlaf.

KINDERVERS

TIP DER KÖCHIN

Wenn der Teig zu stark bräunt, bedecken Sie ihn für den Rest der Backzeit mit Backpapier.

Register

A

B

E

F

K

M

P

R

S

T

V